VENTE

HOTEL DROUOT — SALLE N° 11

Les Mercredi 27 et Jeudi 28 Novembre 1907

A 2 HEURES

Objets de Vitrine

BELLES BOITES ET TABATIÈRES

en Or émaillé, ciselé et guilloché

des Époques Louis XVI et Ier Empire

OBJETS D'ART ET D'AMEUBLEMENT

ANCIENS ET DE STYLE

TAPISSERIES, TENTURES, TAPIS D'ORIENT

Me GEORGES NORMAND	M. ARTHUR BLOCHE
Commissaire-Priseur	Expert près la Cour d'Appel
41, Rue de la Victoire, 41	*52, Rue de Châteaudun, 52*

[illegible] DE H. STE[illegible]R

EXPOSITION PUBLIQUE

Le Mardi 26 Novembre 1907, de 2 h. à 6 h.

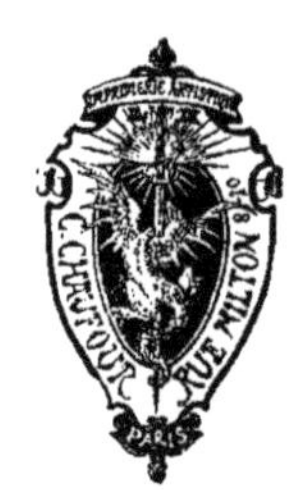

CATALOGUE

DES

OBJETS DE VITRINE

Belles Boîtes & Tabatières

EN OR ÉMAILLÉ, CISELÉ & GUILLOCHÉ

DES ÉPOQUES LOUIS XVI ET Ier EMPIRE

PARMI LESQUELLES

UN DON DU ROI FRÉDÉRIC VI DE SAXE A NAPOLÉON Ier

ENRICHI DE BEAUX BRILLANTS

MINIATURES, DENTELLES, EVENTAILS ANCIENS, BIJOUX

MONTRE OR ÉMAILLÉ ayant appartenu au Roi de Serbie avec portraits du Roi Alexandre et de la Reine Draga

TABLEAUX — DESSINS — GRAVURES

OBJETS D'ART & D'AMEUBLEMENT

ANCIENS ET DE STYLE

Trois Bibliothèques en marqueterie Louis XIV, Salle à manger Renaissance de Kriéger
Salon en bois doré et satin broché, Sièges de fantaisie
Piano de Baudet, Glaces, Panetière, Vitrines, Tables, Buffets, Bahuts
Bureau américain, Secrétaire, Chiffonnier

BOIS D'AMEUBLEMENT DE SALON ÉPOQUE LOUIS XVI

Deux belles Portes Renaissance

BRONZES D'ART & D'AMEUBLEMENT

LUSTRES, SUSPENSIONS, APPLIQUES A L'ÉLECTRICITÉ

ORFÈVRERIE, PORCELAINES, FAIENCES, SCULPTURES, CUIVRES, ÉTAINS

TAPISSERIES ANCIENNES, TENTURES, RIDEAUX

Coussins, Dessus de Pianos, Couvre-lits

TAPIS ANCIENS D'ORIENT

dont la vente aura lieu

HOTEL DROUOT, SALLE N° 11

Les Mercredi 27 et Jeudi 28 Novembre 1907 à 2 heures et le Mercredi 27, à 8 h. 1/2 du soir

---

Me GEORGES NORMAND	M. ARTHUR BLOCHE
Commissaire-Priseur	Expert près la Cour d'Appel
41, Rue de la Victoire, 41	*52, Rue de Châteaudun, 52*

Chez lesquels se distribue le présent Catalogue

EXPOSITION PUBLIQUE :

Le Mardi 26 Novembre 1907, de 2 h. à 6 h.

CONDITIONS DE LA VENTE

La vente sera faite au comptant.

Les acquéreurs paieront *dix pour cent* en sus des enchères

L'exposition mettant le public à même de se rendre compte de l'état des objets aucune réclamation ne sera admise aussitôt l'adjudication prononcée.

ORDRE DES VACATIONS :

Mercredi 27 novembre

A 2 HEURES

Tableaux, Dessins, Gravures, Boites, Tabatières, Bijoux, Bronzes, Meubles Tentures, Tapis d'Orient.

A 8 H. 1/2 DU SOIR

Orfèvrerie, Dentelles, Eventails, Miniatures, Porcelaines, Faiences, Cuivres, Etains.

Jeudi 28 novembre

A 2 HEURES

Bronzes, Objets d'art, Appareils d'éclairage, Meubles de Salon, Salle à manger Chambre à coucher, Coussins, Tapisseries, Tentures, Tapis

DÉSIGNATION

BOITES. TABATIÈRES

1 — Très belle tabatière forme quadrangulaire en or émaillé bleu et noir avec réserves aux angles et sur la bordure en or ciselé. Le centre du couvercle est enrichi du chiffre et de la couronne de Frédéric-Auguste VI, roi de Saxe, en diamants au milieu d'un quadrilatère composé de vingt-huit gros et beaux brillants. Cette boîte précieuse, bijou historique, fut offerte par Frédéric-Auguste, roi de Saxe à Napoléon Ier.

2 — Boite ovale en or émaillé blanc opalin, bordure gros bleu avec dessin or réservé, offrant sur le couvercle en grisaille rosée une scène mythologique avec double entourage de demi-perles. Époque Louis XVI.

3 — Boite forme dite baignoire en or émaillé bleu clair, à bordure gros bleu à petits dessins de feuillages réservés et vert clair. Louis XVI.

4 — Boite ovale en or guilloché, bordure ciselée en or de couleur. Epoque Louis XVI, enrichie au centre du couvercle d'une miniature : Portrait de la reine Marie-Antoinette entouré de grosses roses.

5 — Bonbonnière en or émaillé gros bleu fond rayé, bordure en or gravé à ornements. Fin xviiie siècle.

6 — Bonbonnière en or émaillé bleu, bordure fond opalin à petits dessins, offrant sur le couvercle un sujet allégorique en grisaille. Fin xviiie siècle.

7 — Boite ovale en or émaillé bleu clair sur fond guilloché à rayures, bordure en or de couleur ciselé Louis XVI. (A des éclats en divers endroits).

8 — Bonbonnière en or ciselé et guilloché. Époque Louis XVI.

9 — Petite boite ovale en or émaillé, fond bleu turquoise, encadrement à semis de fleurs et de feuillages, offrant sur le couvercle un paysage avec cours d'eau. Travail de Genève. Style Louis XVI.

10 — Boite octogonale en or émaillé bleu clair, offrant sur le couvercle deux figures allégoriques de chaque côté d'un médaillon à figure de femme tenant une couronne de feuillages. (Restauration sur le couvercle). Travail attribué à la fin du xviiie siecle.

11 — Tabatière rectangulaire en or gravé et émaillé à fleurs, arabesques et ornements offrant sur le couvercle une miniature : Portrait de femme parée de joyaux, à coiffure Premier Empire.

12 — Boite rectangulaire en or guilloché, gravé et émaillé avec émail sur le couvercle représentant la Sainte Famille. Premier Empire.

13 — Tabatière rectangulaire en or émaillé fond gros bleu, offrant sur le couvercle un paysage par un effet de neige, autour des jetées de fleurs et des arabesques de feuillages, dessous un trophée de musique en grisaille ; à l'intérieur du couvercle est gravé un paysage. Travail de Genève attribué au Premier Empire.

14 — TABATIÈRE rectangulaire en or de couleur ciselé, fond émail noir à dessins rouges offrant sur le couvercle un émail représentant une scène de l'histoire d'Esaü à quatre personnages, entourée de guirlandes de fleurs sur fond d'émail vert avec l'aigle impérial dans le bas. Travail attribué au Premier Empire (Quelques légers éclats).

15 — TABATIÈRE rectangulaire en or ciselé et gravé, enrichie sur le couvercle d'un émail peint représentant La Bénédiction. Travail attribué au Premier Empire.

16 — TABATIÈRE octogone en or émaillé gros bleu, bordure à réserves d'or, ornée sur le couvercle d'un sujet allégorique : Les premiers pas des enfants guidés par les jeunes mères. Travail attribué à la fin du XVIIIe siècle.

17 — BOITE ovale à contour côtelé en or émaillé fond bleu de différents tons, à arabesques de fleurs et d'ornements, offrant sur le couvercle et dessous des bouquets de fleurs. Travail de Genève XIXe siècle.

18 — PETITE BOITE forme papillon en or émaillé attribuée au Premier Empire.

19 — DRAGEOIR en or gravé et émaillé, dessin à bouquets de fleurs, fond à arabesques entrelacées, XIXe siècle.

20 — TABATIÈRE rectangulaire en or gravé, guilloché, encadrement émaillé bleu. Premier Empire.

21 — BONBONNIÈRE en or gravé, à charnière ornée dessus d'un émail peint : Scène galante, entouré de jargons.

22 — BOITE à double ouverture en ancien émail de Saxe, forme côtelée et cintrée, décor à bouquets de fleurs et feuillages, avec scènes à animaux dans des paysages à l'intérieur des couvercles ; monture à rocailles. Epoque Louis XV.

23 — Bonbonnière en écaille avec miniature sur ivoire représentant une scène de Daphnis et Chloé, attribuée à Angelica Kauffmann. Époque fin xviiie siècle.

24 — Bonbonnière en écaille avec miniature sur ivoire : Portrait de dame coiffée d'un petit chapeau garni de fleurs, coiffure à la poudre. Epoque Louis XVI.

25 — Petit drageoir en caillou d'Egypte, monture à charnière à rocailles. Epoque Louis XV.

26 — Reliquaire ou monture de montre ovale en cuivre ciselé, repercé et doré xvie siècle.

27 — Bonbonnière en écaille piquée avec miniature : Portrait de femme Louis XVI.

ÉVENTAILS

28 — Eventail avec feuille à scène champêtre : bergères et bergers galants se divertissant devant l'autel de l'Amour, école de Boucher, au revers paysage avec figures, monture en ivoire sculpté à jour rehaussé d'or. Epoque Louis XVI.

29 — Eventail représentant d'un côté l'apothéose d'un roi, composition de nombreux personnages et de l'autre côté un paysage animé d'une multitude de petites figures, monture en ivoire, décor vernis Martin à sujets et bustes de personnages. Epoque Louis XIV.

30 — Eventail représentant une scène pastorale inspirée de Huet, monture en ivoire sculpté à jour à médaillon petits personnages et rocailles. Epoque Louis XV.

31 — Eventail représentant un paysage avec figures, monture en ivoire sculpté à jour, peint et doré à petit sujet au milieu de rocailles. Travail curieux représentant l'éventail fermé, un buste de femme dans une niche. Epoque Louis XV.

32 — Eventail en soie peinte et brodée à paillettes, à personnages et attributs, monture ivoire rehaussée d'or. Epoque Louis XVI.

33 — Eventail représentant la causerie et les divertissements champêtres encadrés de fleurs et de rocailles, monture en ivoire à jour et doré. xviiie siècle.

34 — Eventail représentant trois médaillons à personnages et perroquets, monture ivoire à figures et rocailles. Epoque Louis XV.

35 — Eventail peint sur soie représentant la fée des ondes entourée de mouettes, par J. Patté, signé. Monture nacre.

36 — Eventail représentant une bergère et son troupeau, monture en écaille avec chiffre R. P. en argent.

MINIATURES

37 — Miniature ronde sur ivoire : Portrait de dame en costume Louis XVI, coiffure haute à longues boucles, assise et s'appuyant sur une table garnie de fleurs. Signée Biret.

38 — Miniature rectangulaire sur ivoire représentant la partie de musique.

39 — Miniature ronde représentant la Sainte Famille, cadre fleurdelisé.

40 — Deux miniatures ovales : Portraits de femmes coiffées à la poudre.

41 — Miniature ronde représentant une petite fille enguirlandant de roses un chevreau.

42 — Miniature ronde : Portrait d'un Prélat assis.

43 — Six miniatures : Portraits de femmes.

44 — Quatre miniatures : Portraits de femmes, montées dans un cadre en velours.

45 — Quatre miniatures : Portraits de femmes, montées dans un cadre en velours.

46 — Trois miniatures, une école indienne, deux de l'école française : Portraits de femmes, montées dans un cadre en velours.

47 — Petite miniature : Portrait de femme de l'époque Louis XVI, montée en bague.

DENTELLES ANCIENNES

48 — COUPON de dentelle de Burano : 1m50.

49 — COUPON de dentelle de Malines : 1m35.

50 — COUPON de point d'Angleterre : 1m55.

51 — COUPON de dentelle de Malines : 1m80.

52 — BARBE en point d'Alençon.

53 — COUPON en point d'Alençon : 1m15.

54 — BARBE en dentelle d'Argentan : 1m40.

55 — TROIS COUPES de dix mètres en point d'Angleterre.

56 — COUPON en point d'Alençon : 1m15.

57 — COUPON de dentelle d'Angleterre : 0m85.

58 — VOILETTE en application.

59 — TROIS MOUCHOIRS brodés.

60 — QUATRE VOILES au passé.

61 — DEUX PIÈCES en mousseline brodée

BIJOUX — ORFÈVRERIE

OBJETS DE VITRINE

62 — Belle montre d'homme savonnette or double boîtier, échappement à cylindre offrant sur les boîtiers les portraits peints sur émail de la reine Draga et du roi Alexandre de Serbie. Cette montre avait été fournie par la Maison Pateck et Philip de Genève et avait appartenu au roi de Serbie.

63 — Montre d'homme en or de la Maison Bréguet.

64 — Pomme d'ombrelle formée par une figurine de femme nue endormie, sculpture en ivoire, XVIIIe siècle.

65 — Deux salières en ancien émail de Bettersea, fond rose à médaillons de fleurs.

66 — Cachet et fragment de colonnette en jaspe rouge et autre matière dure orientale.

67 — Service de chasse composé de trois pièces dans une gaîne garnie en argent ciselé et repercé à jour. Fin XVIe siècle.

68 — Couteau et fourchette à manches d'argent ciselé et repercé, dessin à figures et fleurs, XVIe siècle.

69 — Petite fourchette Renaissance en argent à cariatide de femme portant une couronne.

70 — Couteau et fourchette manches en bronze doré à têtes de chérubins sur manches à mascarons. Commencement du XVIIe siècle.

71 — Manche de couteau à figure de personnage, sculpture sur bois, xiie siècle.

72 — Bague enrichie d'une émeraude entourée de brillants.

73 — Collier pendentif orné de perles, brillants et émeraudes.

74 — Bague ornée d'un brillant solitaire.

75 — Bague d'homme en or enrichie d'un brillant solitaire.

76 — Bague perle entourée de brillants.

77 — Pendentif rubis reconstitué entouré de roses.

78 — Bague tourbillon ornée d'un brillant solitaire.

79 — Bague marquise perle et brillant.

80 — Bague émeraude entourée de brillants.

81 — Encrier en argent ciselé.

82 — Douze cuillers et passoire en métal doré.

83 — Paire de boucles d'oreilles et deux bagues anciennes en or et argent.

84 — Petit flacon à odeurs forme baril en cuivre doré.

85 — Paire de candélabres en bronze argenté de style Louis XVI.

86 — Douze couverts en argent.

87 — Deux saucières en métal argenté de la maison Christofle.

88 — Quatre dessous de carafe en métal argenté de la maison Christofle.

89 — Deux réchauds en métal argenté de la maison Christofle, de style Louis XV.

90 — Huilier, cadre, ceinture, bougeoir et petite bonbonnière en argent oriental.

91 — Broche et pendeloque en or et argent avec pierreries.

92 — Deux broches algériennes forme fer à cheval.

93 — Deux bagues or avec perles.

94 — Corbeille a pain en métal argenté.

95 — Deux plateaux de service à anses en métal argenté.

96 à 101 — Huilier, cafetière, réchauds, casseroles cuivre, etc.

OBJETS D'ART

BRONZES. — PORCELAINES. — FAIENCES

102 — Suspension à huit lumières électriques, en bronze fumé et patiné or, à fleurs, feuillages et rinceaux.

103 — Chocolatière en étain, forme Louis XV.

104 — Marmite en étain gravé, style XVIIIe siècle.

105 — Lampe en étain, XVIIIe siècle.

106 — Réchaud en plaqué.

107 — Hache en fer gravé.

108 — Groupe bois sculpté : Vierge et Enfant.

109 — Encrier en étain gravé.

110 — Bonbonnière en porcelaine du Japon.

111 — Applique en bois sculpté et doré style Louis XVI, à guirlandes de fleurs, avec gravure : Portrait de femme.

112 — Statuette bronze : La Baigneuse, de Mathurin Moreau.

113 — Bassinoire en cuivre, manche en bois.

114 — Deux plats en étain.

115 — Paire de chenêts en fer forgé.

116 — Petit serpent en fer forgé et petite lampe forme antique.

117 — Deux vases, un saladier et deux soupières faïence Strasbourg.

118 — Deux abat-jour.

119 — Tête d'henri iii représenté de profil, en faïence émaillée, à décor polychrome, attribuée à Bernard Palissy. Cadre en bois sculpté et doré ancien.

120 — Paire de grands chenêts en bronze doré à chimères et rocailles. Style Louis XV.

121 — Pendule en bronze ciselé et doré représentant des enfants avec chèvres prenant leurs ébats au milieu de rocailles fleuries. Style Louis XV.

122 — Paire d'appliques à cinq lumières en bronze ciselé et doré, modèle inspiré de Caffiéri.

123 — Coupe en porcelaine du Japon, monture en bronze.

124 — Deux cornets en ancienne porcelaine du Japon décor polychrome, montés en bronze doré. Style Louis XV.

125 — Plat en ancienne faïence italienne représentant au centre la Justice avec cadre en bois sculpté parties dorées.

126 — Coupe en porcelaine de Chine décor polychrome, monture en bronze.

127 — Vase craquelé de Chine, décor en relief à rehauts d'or.

128 — Vase avec couvercle en bronze du Japon.

129 — Jardinière en cuivre.

130 — Porte-pelle et accessoire en bronze, modèle à coquilles.

131 — Quatre porte-embrases en bronze.

132 — Pare-étincelles en cuivre et bronze.

133 — Porte-canne cylindrique en porcelaine de Chine, décor objet d'ameublement sur fond jaune.

134 — Statuette de Vierge en bois sculpté, xvie siècle.

135 — Suspension en bronze disposée pour le gaz.

136 — Lanterne en fer forgé disposée pour le gaz.

137 — Appareil de billard disposé pour le gaz.

138 — Appareil de vestibule en bronze disposé pour l'électricité.

139 — Lustre en bronze à six lumières disposé pour l'électricité.

140 — Plafonnier électrique à cinq lumières.

141 — Lustre à gaz en bronze à huit lumières.

142 — Suspension à gaz en bronze.

143 — Paire buires en porcelaine, monture en bronze.

144 — Coupe en porcelaine de Sèvres, monture en bronze.

145 — Bonbonnière en porcelaine de Saxe avec présentoir.

146 — Paire de chenêts en bronze doré avec galerie.

147 — Garniture de cheminée, composée d'une pendule et deux candélabres.

148 — Petite pendule noire à colonnes.

149 — Petite boite à thé en bois de rose, dessus en marqueterie de bois avec incrustations.

150 — Tasse et sa soucoupe en faïence italienne, et tasse et soucoupe Empire en porcelaine.

151 — Deux petits vases Empire en bronze argenté.

152 — Deux porte-flambeaux craquelé en porcelaine de Chine.

153 — Jardinière en bronze du Japon, décor à oiseaux et feuillages.

154 — Petit vase de nuit en étain gravé.

155 — Porte-burettes en terre anglaise et en faïence de Rouen.

156 — Théière en porcelaine de Chine, décor à oiseaux et feuillages.

157 — Boite en laque de Perse.

158 — Petite potiche en porcelaine de Chine.

159 — Vase en porcelaine de Sèvres, décor à médaillons personnages et paysages, monture en bronze.

160 — Mortier et statuette en bronze.

161 — Petite soupière en terre anglaise.

162 — Baromètre Empire forme lyre en bois doré.

163 — STATUETTE en bois sculpté et doré représentant sainte Monique. XVIe siècle.

164 — DEUX VASES en faïence orientale.

165 — DEUX STATUETTES en faïence anglaise.

166 — DEUX PETITS ANGES en porcelaine, tenant des corbeilles.

167 — DEUX PETITS BUSTES et une statuette formant salière en faïence de Delft.

168 — ASSIETTE en porcelaine craquelée de Chine.

169 — DEUX CONFITURIERS Louis XVI, en cristal taillé.

170 — SERVICE DE TABLE en porcelaine de Sèvres, dessus à filets or.

171 — VASE BLEU en porcelaine de Chine, décor à feuillage et oiseaux, anses à têtes d'éléphants.

172 — STATUETTE de japonaise en bois sculpté et niellé.

173 — TORCHÈRE de pagode en bronze du Japon et en bois sculpté.

174 — VASE en porcelaine de Chine. fond vert clair décoré de caractères.

175 — VASE octogonal en porcelaine de Chine à fond rouge, dessins variés.

176 — JARDINIÈRE et DEUX VASES en cuivre gravé avec incrustations.

177 — AIGUIÈRE en cuivre ciselé, incrusté d'argent.

178 — Le « Chanteur Florentin » statuette en bronze, édition de BARBEDIENNE.

179 — PAIRE DE CHENÊTS en bronze doré de style Louis XVI.

180 — COUPE en jade sur pied en bois de fer.

181 — SUCRIER en cristal de style Louis XVI, monture en métal.

182 — BOUILLOTTE en émail cloisonné avec pied et lampe.

183 — QUATRE RAVIERS en cristal, monture en métal.

184 — ENVIRON DOUZE OBJETS de vitrine, statuettes, vases, bibelots en verre ou porcelaine.

185 — GARNITURE DE CHEMINÉE en bronze doré composée d'une pendule et de deux candélabres. Style Louis XV.

186 — GARNITURE DE CHEMINÉE en métal blanc, composée d'une pendule et deux candélabres.

187 — TRENTE SIX ASSIETTES en porcelaine de Sèvres à filets, chiffre et couronne dorés.

188 — BOITE A CHALE en bois de thuya.

TABLEAUX — DESSINS — GRAVURES

189 — CHARLET (Attribué à). *La Sentinelle perdue.*

190 — CHARPIN. *Moutons.*

191 — ROSSI (D'après). *Frédéric II et les femmes savantes.*

Deux gravures de Gouru.

192 — MACHAR (Attribué à André). Dessin.

193 — ECOLE ANCIENNE. *La Diseuse de bonne aventure.*

Tableau important. Cadre en bois sculpté.

194 — ECOLE ANCIENNE. *Portraits de Rubens et de Raphael*

Cadres ovales.

194 *bis* — ECOLE ANGLAISE. *Portrait de dame,* robe bleue, chapeau orné de plumes.

195 — ECOLE ANCIENNE. *Le Mariage de sainte Catherine.*

196 — ECOLE FRANÇAISE. *Portrait de femme.*

Pastel.

197 — ECOLE FRANÇAISE. *Portrait de femme en décolleté.*

198 — WILKIE (D'après David). *La Politique de village.*
Le Jour du loyer.

Deux gravures.

199 — *Hébé et Léda.*

Deux gravures en couleur.

200 — *Les Députés de la Noblesse, du Clergé et du Tiers-Etat.*

Trois gravures en couleur.

201 — P. ANGRAND. *Le Négligé.*

Gravure par PARFAIT ANGRAND.

202 — JANINET. *Traits de bonté de Louis de France et d'Henri IV à l'Assemblée des Notables.*

Deux gravures en couleur.

203 — *The first lesson of love.*

Gravure anglaise ovale.

204 — *Suzanne au bain.*

Gravure en couleur.

205 — MOREAU. *Le Feu, l'Eau, l'Air et la Terre.*

Quatre gravures en couleur.

206 — *L'Eté et le Printemps.*

Deux gravures en couleur.

207 — DAMOUGEAT. *L'Offrande.*

Gravure en couleurs.

208 — *Napoléon Ier et Joséphine.*

Deux gravures.

209 — ROWLANDSON. *Domestic miseries.*

Gravure.

210 — *L'Heureux menage.*

Gravure anglaise en couleur.

211 — « *Aimons-les comme ils nous aiment.* »

Gravure en couleurs.

MEUBLES

212 — Trois belles bibliothèques Louis XIV, en bois noir ou d'ébène incrusté de filets de cuivre, ornées de mascarons, de coquilles, de rosaces et d'appliques de serrure en bronze ciselé. Elles s'ouvrent à deux portes pleines dans le bas, à deux portes vitrées dans le haut.

213 — Deux grandes portes d'armoires Renaissance en bois sculpté, divisées chacune en huit compartiments offrant en bas-relief des têtes de femmes casquées et des motifs inspirés de Jean Goujon.

214 — Ameublement de salle à manger en bois de noyer sculpté, style Renaissance, composé d'un grand buffet-crédence avec fronton à voussure, une table à angles arrondis, piètement à balustres, douze chaises couvertes en cuir brun frappé à la salamandre, de Kriéger.

215 — Cheminée en noyer sculpté, d'aspect architectural, à colonnes cannelées, fronton avec cartel et figurines de musiciens assis aux extrémités. Style Renaissance.

216 — Panetière en bois sculpté. XVIIIe siècle.

217 — Pétrin en bois sculpté. XVIIIe siècle.

218 — Buffet crédence en bois sculpté, côtés arrondis, ouvrant à quatre portes dans le bas ornées de motifs Renaissance, le haut à deux portes avec glaces biseautées et avec fronton.

219 — Deux petites étagères d'applique en bois laqué. Style japonais.

220 — Table à double plateau laqué. Style japonais.

221 — Table en bois de fer sculpté, dessus en marbre rouge. Travail chinois.

222 — Chaise de piano en bois sculpté et doré, dossier à lyre enguirlandée de fleurs, dessus soierie brochée. Style Louis XVI.

223 — Piano à cordes obliques en bois noir sculpté et gravé, style Louis XVI, de Baudet.

224 — Casier-étagère à musique en bois noir.

225 — Marquise couverte en satin chaudron et bandes de tapisserie, à rampe de peluche.

226 — Fauteuil forme ottoman en satin brodé de Chine, au dragon au milieu de nuages sur les flots de la mer.

227 — Chaise basse couverte en drap brodé à ramages.

228 — Tabouret carré en bois doré, couvert en soie brochée.

229 — Deux chaises en bois doré, couvertes en satin rouge broché.

230 — Deux chaises en bois sculpté et doré, dossiers forme lyres foncées de canne dorée. Style Louis XVI.

231 — Meuble d'entre-deux à hauteur d'appui en bois noir, marqueterie d'écaille et de cuivre, garni de bronzes dorés. Style de Boule, de la Maison Zwiener.

232 — Bibliothèque à deux portes en marqueterie, orné de bronzes. Style de Boule.

233 — Coffre à bois recouvert de peluche rouge et bandes de tapisseries à fleurs.

234 — Jardinière en bois noir, à filets de cuivre orné de bronzes.

235 — Table de salon à volets en bois noir et marqueterie de bois, orné de cuivre. Style Louis XVI.

236 — Prie-dieu en bois sculpté, style Gothique, à ogives fleuronnées ouvrant à une porte, dans le bas et le haut formant diptyque.

237 — Petit meuble à quatre faces en bois noir garni de bronzes.

238 — Presse a copier pouvant aller sur le meuble précédent.

239 — Commode à quatre tiroirs en bois de violette, garni de bronzes Louis XIV.

240 — Escabeau en bois sculpté. Style Renaissance.

241 — Chaise bois noir couverte de panne rouge.

242 — Porte-manteau en fonte.

243 — Buffet à étagère ouvrant à deux portes, en bois sculpté, le haut avec grande glace cintrée.

244 — Glace de Venise gravée avec cadre à fronton.

245 — Glace biseautée avec cadre à fond de glace et bois doré, fronton à motif style Louis XVI.

246 — Glace d'entre-deux avec cadre en bois doré, style Louis XV.

247 — Glace avec cadre à fronton à fond de glace garnie de cuivre. Style Louis XIII.

248 — Trois petites glaces d'entre-deux avec cadres dorés, XVIIIe siècle.

249 — Cartel avec cage en bois sculpté à figures d'amours.

250 — Bois pour Meuble de salon composé de deux canapés et huit fauteuils sculpté à perles. Epoque Louis XVI.

251 — Bois de canapé Louis XV à contours et rocailles.

252 — Fonds-baptismaux en Istri sculpté à chimères Renaissance.

253 — Bureau américain en bois de noyer.

254 — Secrétaire de style Louis XV de forme galbée en marqueterie de bois.

255 — Armoire chiffonnier en marqueterie de bois de forme galbée à la partie supérieure, intérieur à cinq tiroirs, dessus en marbre.

256 — Salon de style Louis XVI en bois sculpté et doré recouvert de satin broché à fleurs.

257 — Vitrine de style Louis XV en marqueterie de bois, garnie de bronze doré et ciselé.

258 — Fauteuil de bureau garni de cuir jaune.

259 — Petite table à ouvrage en marqueterie de bois.

260 — Guéridon en acajou de style Louis XVI garni de bronzes dorés.

261 — Petit guéridon en marqueterie de bois.

262 — Meuble d'entre-deux genre Boule en marqueterie et incrustations, dessus en marbre.

263 — Lit Louis XIII en chêne sculpté garni de broderie.

264 — Bibliothèque en noyer à deux portes vitrées montant à colonnes.

265 — Six chaises de salle à manger en noyer recouvertes en tapisserie à la main.

266 — Bureau-ministre en acajou moucheté.

267 — Thermomètre, cadre en bois sculpté et doré.

268 — Glace biseautée, cadre doré.

269 — Glace forme médaillon entourage de glace, cadre doré surmonté d'un fronton.

270 — Vitrine en acajou à filets de cuivre.

271 — Deux fauteuils style Louis XIV et tabouret forme X recouverts en imitation de tapisserie.

272 — Petite table forme cœur dessus en marbre entourage à galerie de cuivre.

273 — Petite table à thé dorée.

274 — Meuble japonais avec incrustations d'ivoire.

275 — Deux colonnes-supports.

276 — Salamandre nickelée.

277 — Lit en cuivre.

278 — Salamandre.

279 — Poêle cadet.

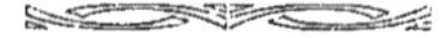

TAPISSERIES, TENTURES, TAPIS

280 — Belle décoration de baie, composée de deux grandes portières en ancienne tapisserie à personnages, scènes historiques et deux autres portières en velours de lin rouge, surmontées de deux grands bandeaux en tapisserie à fleurs montés sur fond de velours.

281 — Trois décors de croisées disposés à l'Italienne composé de deux rideaux en satin rouge et de quatre rideaux en peluche rouge avec bandes en velours de Gênes fond d'or, dessin polychrome doublé en soie, avec embrasses et cordelières (pouvant être allongés).

282 — Tapis de table en peluche rouge avec large bordure en peluche bleue richement brodé d'arabesques fleuries au point de Hongrie tissé de fils métalliques.

283 — Deux coussins en satin et en velours rouge brodés de soie à fleurs et rinceaux.

284 — Coussin en satin de Chine brodé à fleurs et oiseaux.

285 — Coussin en peluche vert réséda brodé à ramages.

286 — Deux grands coussins en satin de Chine rouge brodé, avec housse.

287 — Coussin carré en velours de Gênes, dessin ton sur ton.

288 — Grand coussin en brocart et satin marron.

289 — Tapis de table en drap rouge brodé de soie avec cygne au centre.

290 — Panneau en satin de Chine rouge brodé.

291 — Dessus de siège en satin jaune brodé à fleur. Style Louis XVI.

292 — Tenture en satin bleu turquoise de Chine brodé de fleurs et d'oiseaux en soie de couleur.

293 — Petit tapis en velours rouge.

294 — Dessus de piano droit en panne armoriée.

295 — Grand tapis de Smyrne à médaillons fond bleu à petits dessins, contre fond rouge.

296 — Tapis d'orient à tissus velouté dessin à diagonales polychromes.

297 — Tapis d'orient de galerie fond bleu, dessin polychrome bordure claire.

298 — Tapis de galerie de Perse, dessin à losanges et semis de fleurs.

299 — Tapis d'orient dessin polychrome à diagonales.

300 — Peau d'ours garnie de chèvre.

301 — Dessus de piano à queue en satin broché et rayé. Style Louis XVI.

302 — Dessus de cheminée. Même style.

303 — Dessus de piano à queue en peluche verte et bandes de tapisserie à fruits et fleurs.

304 — Deux dessus de cheminées, l'un en peluche mauve et l'autre en panne verte.

305 — Tapis de table en ancien tissu polychrome fond rouge.

306 — Grand tapis de Smyrne fond rouge, bordure bleue, encadré de moquette rouge.

307 — Deux décors de croisées en panne bleue avec applications style Renaissance.

308 — Deux stores et quatre brise-bise garnis de guipure.

309 — Fragment de tapisserie à animaux. xvie siècle.

310 — Robe chinoise en soie.

311 — Carpette persane à fond bleu.

312 — Petit tapis de prière à fond rouge.

313 — Tapis de prière à fond crème.

314 — Tapis d'Orient à fond bleu et blanc.

315 — Carpette Chirvan.

316 — Dessus de piano et deux dessus de coussins en broderie et satin.

317 — Tapis de table et coussin en satin à broderies orientales.

318 — Couvre-lit en satin rouge à broderies turques.

319 — Tapis de prière en broderie orientale.

320 — Couvre-lit en toile brodée, dessins polychromes.

321 — Deux tapis de table en satin brodé à fils or.

322 — Deux stores.

323 — Portière en tapisserie verdure avec oiseaux.

324 — Grand tapis de Smyrne fond rouge à dessin polychrome.

325 — Grand tapis de Smyrne fond crème à dessin polychrome.

326 — Tapis fond rouge.

327 — Tapis persan, dessin polychrome.

328 — Objets omis.

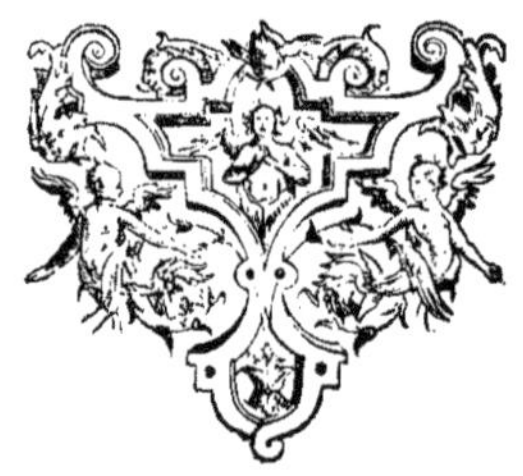

www.ingramcontent.com/pod-product-compliance
Ingram Content Group UK Ltd.
Pitfield, Milton Keynes, MK11 3LW, UK
UKHW021044180726
13838UKWH00004B/1998

9 782329 548920